AF493069

Desvelo, silencios y recuerdos
Elisa C. Martínez Salazar

Elisa C. Martínez Salazar

Desvelo, silencios y recuerdos

Editora
Poetas de la Era

Segunda edición
EDITORA POETAS DE LA ERA

Diciembre 2019

ISBN: 978-9945-9209-3-2

Edición al cuidado del autor.

Diagramación y diseño:
Ludwig S. Medina

Imagen de portada:
Andrés de Oleo

Queda hecho el depósito conforme a lo dispuesto por la ley sobre propiedad intelectual.

Impreso por Nelson Soto, Impresora
Santo Domingo, República Dominicana

*A Nadia, por haber sido una fuente inagotable
de fe e inspiración sobrellevando mi desvelo.*

*A las ironías que me hicieron cuestionar
el mundo y refugiarme en los silencios.*

*A Glory, por haberme conducido al camino
de la inquietud y los recuerdos.*

Contenido

III
Recuerdos

I

Desvelo

"…Para mi última humanidad, rogué salvación."

El hundimiento

Hay una barca a la deriva. Descansa en
un canal eterno de corrientes muertas
y aguas de plata. Bajo ellas yacen
los secretos de nuestro nacimiento
y las penurias de Ellos y sus muertos.

Las dudas levantan sus troncos sobre
el fango y buscan enterrarnos
en su verdad, cosernos a las raíces
de sus cuerpos y pintarnos el alma de cartón.

Te imaginé de pie encima de todos Ellos.
Te vi con un barco de fantasmas en
la espalda y la verdad de ayer
dibujada en el borde de los labios.

Mi propia barca está anclada
a la orilla, lucha por seguir tus pasos,
pero a estas horas eres un punto
impalpable en el lejano horizonte:
etéreo, de mentiras, fantástico, oculto.

Cedo el paso a las nubes negras que
arrastran en su vapor olvido y miseria.
Cae la noche, mientras me hundo
en aguas de plata y corrientes muertas.

Forjé

Forjé en tu vientre encantado
la semilla misma de mis pasos,
esos que quise dar en invierno al mundo.

Y sé hoy que las criaturas
del tiempo callan odiando.
Se abandonan a suertes de miseria
y humedad, pero yo corro
a veces por la calle solitaria
del candor perdido y busco la dicha
en la inocencia que tuvo algún niño.

Mas corro y vuelo y los niños
ya son migajas sin cuerpo.
La desesperación les corroe
lo que les queda en espíritu.

Mi semilla florece, ajena,
donde no hay vientos inhóspitos.
Crece en un hogar tibio, con rostros
sonrientes. Mi semilla ignora que
añoro la nostalgia de la que fuera
su existencia. Mi semilla es mártir y
tu vientre sin amor engaña:
seduce para caer en la trampa
de nuestras palabras.

Te pierdes mientras coses heridas en
las venas de marfil y mis motivos se
escurren entre tus grietas.
Quedan las almas vacías. Las rosas negras
florecen tiernas.

Arrullo mi semilla con brazos de viento,
mas tu vientre está desnudo
y es inútil arrancarte el invierno
y pretender devolverte a este mundo.

La última despedida

Cuando el zumbido de las bombillas
caliente el vidrio que las envuelve,
alumbrando sin ganas los sueños nacientes;
cuando el viento entre por las rendijas,
construyendo su hogar en silencios forzados;
cuando las paredes escupan polvo,
ahogando en miradas las luces promiscuas;
cuando todo recuerdo decida ahogarse
en las melodías de alguna carta de amor;
cuando tu iris se torne claro,
transparente, igual que el agua;
cuando sepas que el final haya llegado:

Yo estaré ahí, en el último suspiro.
Yo seré el lamento agrio
que exhales al rocío de tus rosas.
Yo seré la fragancia póstuma de tu alegría extinta.

Ojos almendrados

Ojos almendrados que
viajan sin rumbo
por los espacios del tiempo
y los tiempos del espacio.

Y entre tantos llamados
descubren ellos,
ojos almendrados,
el instante sagrado
cuando mi hilo de
plata es luz superior
que ilumina el
camino de otros
como ellos,
ojos almendrados.

Traen la semilla
del manto de paz que
aquieta el origen de
mi esencia impura y verdadera.
No es, sino mi hogar,
lo que encuentro en ellos,
ojos almendrados.

Las finas castas
de la nobleza celestial
juegan con las marionetas
de carne y hueso, insignificantes,
huellas inservibles al otro
lado de las puertas de platino.

Y entre tantas súplicas
me responden ellos,
ojos almendrados.

Renacer

Milenios pasaron, mientras busqué
fuera aquello que recién descubro.
Oídos sordos y necios
ojos tontos y ciegos.

Lunas verdes se ocultaron, mientras esperé
nacimientos y muertes y lloviznas y penurias,
ignorando siempre el dios, el de las noches,
que soy dentro si hay silencios.

Angustias y un nudo en la garganta, pero
es ahora cuando se postra Ella, perfecta,
sobre las vidas en mi cama. Los ojos abiertos
comparten la sabiduría del Universo.

Viene el ángel rodeado de luz.
Para mis últimas horas,
rogué la Verdad.
Para mi última
humanidad, rogué salvación.

El amor del ángel es paz
y las estrellas están en sus ojos.
Ya el descanso ha llegado.
El sueño será sanado.
Un roce de sus manos delicadas
y la paz que prometen
me será otorgada.

Rostros

Tus tres rostros me acompañan: uno feliz,
el otro falso y el último cruel.
El reflejo vacío de tu pasado indefenso
corta las pausas en mis silencios.

¿Por qué?

Ahora la pregunta está dibujada con
tinta indeleble en mi frente.
Todos a mi alrededor pueden leerla.
¿Por qué intentar ser Dios?
¿Por qué soñar la redención para un mundo perdido?
¿Por qué sufrirte, a ti, a una
partícula insignificante de inocencia ultrajada?
¿Por qué tus rostros caminan tomados de mi mano?
¿Por qué tus ojos acusadores me reclaman justicia, a mí,
que no tengo culpa de tu sufrimiento?

Entorpeces mi creatividad si dejas filtrar
la tristeza en los espacios de tu mirada
y es entonces cuando te amo más.
Tu rostro es el mismo, multiplicado por tres.
Nuestra salvación es necia utopía.

¿Por qué no puedo viajar en el tiempo,
cambiarte el pasado?
Porque el destino es un bastardo.
El candor se marchó para no volver
y tengo yo que recoger
lo que ha quedado de ti.

Sepulcro

Visité un sepulcro en mis sueños
cuyos guardadores eran demonios
blancos, de algodón como las nubes, y
arcoíris ciegos, como los silencios.

Me acerqué al cuerpo inmaculado
y a mi andar, los blancos
cedieron el paso.

Empujé con la última de mis fuerzas
hasta que el aliento huyó de mi
pecho. Sucumbí ante la dulce
tentación, deseos necios.

Miré dentro, mas comprendo
por estas horas malditas las
verdades del origen:
los demonios son mis dioses.
Su color blancuzco
es el aroma de mis mentiras.

El sepulcro es mi mundo.
Y el cuerpo —aquel lastre
desnudo e indefenso—
era el mío,
como envuelto en la seda de un
capullo.

Trece cuervos

Trece cuervos negros
vuelan sobre mi cabeza.
Presagian cambio inevitable.

Viajan desde los bosques desiertos,
agobiados por tormentas huérfanas,
donde reinan los relámpagos de nadie
y la neblina gris oprime el pecho.

Los trece cuervos huyen del lugar
donde no hay más que pasto seco.

Los árboles de su reino
fueron ahogados por las aguas
indomables y misteriosas.
Las hojas cayeron muertas
y se sumergieron en el olvido perpetuo.

Trece cuervos blancos volaron
por encima de sus casas.
Dejaron a los suyos detrás:
confundidos, perdidos,
girando en círculos por las
ruinas de un pasado ardiente.

Trece hermanos confesos
emprenden el rumbo
hacia un justo porvenir.

Los nuevos cielos abren
sus puertas con regocijo y dan
la bienvenida a los mártires
salvadores y sus dioses.
El agua es vida y el caudal,
sincero. Veo a los cuervos
desde mi encierro.

¿Podré viajar yo
hasta donde van ellos?

II

Silencios

"…Y no hay grises en los rincones ni mentiras en las raíces."

A Frida Kahlo

Más vale, mi amor, que hayas partido
con la misma brisa con la que llegaste.
Tus ojos de fuego siguen quemando
mis entrañas y es como tener tu infierno
y tu cielo al alcance de los dedos.

Yo no pude, mi amor, darte la perpetuidad
que tu vientre añoraba, pero en mi torpeza,
pudiste parirme almas y canciones
y yo las amo como si fueran nuestras
y no solo tuyas.

Aún me miras, mi amor, y yo no
consigo despegarme del alma
el verso de tu recuerdo y un adiós.

Albores de cristal

La luna se acongoja en los llantos
de tus glorias tristes y nuestra fe anciana.
Los ojos sordos callaron en las orillas
de alguna lágrima tuya.

La seda de mis ropas saja sus hebras
y se entrega respirando un clamor:
el vocerío de las ventiscas gélidas en
las tinieblas de tu amnesia.

Mis musas abren hasta el
último poro de sus almas
míseras y
sus canciones de luz y sufren tus
rostros debajo de la cama,
lamiendo tus mentiras de bronce.

¿Y yo, preguntas? No lo soy desde
que te perdiste aquel pesar, cuando
ángeles profanos sedujeron mis versos
(que fueron siempre tuyos)
y te ahuyentaron de la devoción con
la que te escribí cada lluvia.

Al recuerdo de una vida pasada o futura

Nuestra vida escribió encima de
un instante, uno que sólo sintieron
los olvidos del ayer, sus rameras
y silencios.

Besamos las raíces del tiempo
para hacerlo nuestro,
pero él es de bastardos y de amantes
que recitan los versos que otros como ellos
inventaron en sus días.

Tomamos del Santo Grial para
aferrarnos a un amor de otoño y no
es el latido de antes que roza
nuestras pieles ardientes.
Los de hoy son otros sabores
que besan nuestras
fragancias y pétalos huérfanos.

¡Calla!
Te he dicho.
Calla esta luna de mi
muerte y recuérdame como ahora:
como el adiós de luchas perennes
para tatuarte en mi memoria.

A ratos

A ratos me siento a esperarte
cuando las olas respiran canciones.
A ratos también, me dedico a recordarte
como los aromas de la infancia.
A ratos, mi vida,
a ratos te pienso
como si fueras la única voz
para encontrar en las esquinas.
Y a ratos también,
te sueño en mis palabras
y en el día.

Ausencia I

La paz
tan anhelado regalo
regresa otra vez.

Gritan las espinas del viento, ¡huérfano tonto!
Embriagan mi ventana.
Mis raíces deprimidas son frágiles:
te buscan en las sinfonías
del pasto y alguna lluvia de madrugada.

El torbellino de tu
recuerdo tan anhelada
blasfemia regresa otra vez.

Caen en mi techo
las voces de sueños ajenos.
Se mofan de mi desvelo
y me hacen escuchar su risa y adioses.

El destello de tus dientes de perla
iluminó mi rostro en la oscuridad de
antaño. El sosiego baja sus armas.
Comienzo a ceder.

Tu rostro etéreo
tan anhelado duelo
regresa otra vez.

Las espinas del viento callan sin más.
Mis raíces sucumben.
Las voces se apagan.
Tu recuerdo y tu rostro
van allá, donde se acaricia en el horizonte
una alforja de deseos y oraciones.

La soledad
tan atroz castigo
regresa otra vez.

Ausencia II

Elevo mis versos a la noche
y rezo al viento para que
lleve mis palabras a tus oídos.

Si no respiro, entonces el
silencio se apodera de este
instante, existe magia y puedo
embriagarme del que imagino tu perfume.

Si araño su espalda
y le pido cerrar los ojos e imitar tu
voz, entonces estás aquí como antes
y no te esfumaste con el canto
de las rosas y algún río.

Las cuerdas de mi guitarra
llaman tu nombre.
Te recuerdan en el frío de
las nubes y el aliento.

Anduviste hace vidas por
las encrucijadas de mi historia,
pero rezo al viento y ya
no existe magia
ni regresarás tú a mi memoria.

Dos tienen sexo

Dos tienen sexo cuando
las palabras son vacías
y las miradas carecen de sentido.

Dos tienen sexo cuando
oyen, pero no escuchan
las historias del otro cuerpo.

Dos tienen sexo cuando
comparten un beso
sin entenderse el alma.

Pero tú y yo hacemos amor apenas nos pensamos.
Con cada gesto, nos prometemos la eternidad.
Somos Ágape y música y poesía.

Espero de ti

Espero que cuando le busques,
entre los silencios y el sueño,
puedas verte en su mirada eterna
y que mi recuerdo sea sólo eso.

Espero que cuando le inspires
dos o tres o unos pocos versos,
puedas olvidarte de mi pluma
y de la luna y los excesos.

Espero que cuando la lluvia moje tu verdad,
sea en la brisa de abril o una tarde de septiembre,
puedas imaginarte sin mis manos
y no añorar los encuentros del pasado.

Espero que cuando me leas, me mires y me sientas,
puedas alejarte como antes:
sabiendo que te pienso y que no existen palabras
que no sean tuyas en este
y en todos los tiempos.

Habrá

Habrá quien pueda desterrarte
a la indiferencia de otras sábanas.
Será fácil arrancarse tus gemidos
y tu olor del alma.

Habrá quien pueda ignorarte
si su camino se cruza con el tuyo.
No atormentarán las dudas
de tu recuerdo y tu sabor.

Habrá quien implore tu
atención alguna noche para amarte.
Entregarás tu cuerpo y fingirás amor,
pero jamás le besarás los ojos.

Habrá quien busque hacerte
un altar y rezarte cada domingo.
Desaparecerás, sin embargo, en los
cantos a la Virgen María.

Habrá entonces otros amores que
buscarán en tu piel una promesa.
Habrá entonces, según vemos,
mil razones para no olvidarme.

Hay en tus ojos

Hay mares en tus ojos
mares llenos de vida
vacíos de muertes y rostros.

Hay luz en tus ojos.
Es la luz de mi Dios
aquel destello tierno que se esconde
en los abismos profundos
de tu mirada infinita y mía.

Hay paz en tus ojos.
Encuentro en ellos
la melodía de un verso
de un hogar
nuestro destino
los enigmas que conozco e ignoro.

Hay noches en tus ojos.
Las puertas abiertas de tu alma
son cantos de viento que
dulcemente desprenden impasibles
las miradas rotas
de mis espíritus y sus verdades.

Hay latidos en tus ojos.
Hay amor en tus gestos.
Hay sonrisas en tus abrazos.
El laberinto de mi infierno
es solitario y confuso.
Limpio mi silencio culposo
—que avasalla como verdugo de hierro—
con la pureza de tus manos tibias.
El candor de tus ojos ablanda los
inviernos de mis mentiras y mi todo.

La inocencia de tus ojos es una.
Hay en tus ojos, criatura,
un espejo de dichas y fortunas.

Labio tierno

Sonríes. Luz azul.
Regalas venas y hechizos si desnudas
frente a mi espejo las uñas de tu mano izquierda
cuando lates al unísono de mi saliva,
la noche y los cometas.

Salpica el sereno con gotas de seda
el retoño de la tierra en tus ojos.
Cortas la piel de mi alma
con los diamantes de obsidiana
de tu espalda y tu pecho.

Entrelazas los dedos con mis
pensamientos,
entonces la vida es perfecta
y no hay grises en los rincones
ni mentiras en las raíces.

El segundo maldito de tu
adiós regresa con espejismos.
Polvo rancio.
Llegan las horas de tu pobreza.
Resuenas aún en los vericuetos
oxidados de mis odas.
Cadencias rotas.

Sin esperarlo, sonríes
en mis recuerdos.
Te despides por unos años y
varios poemas nuevos.
Aguardas en tus planetas melodías
pulcras
que sepan cercenar mi verbo ausente
en tu labio tierno.

Lluvia

Porque la lluvia rompió el silencio y el canto,
vivo en noches de jazmín, en medio de una duda
y dos certezas...quizás tres. Caminamos, corrimos
a veces, por los laberintos de la tierra y sus raíces.

La lluvia que moja no es la misma que
susurra verdades en tu oído: es virgen entre las putas
que amo y deseo. Es el azul de las mañanas y el
claroscuro del mar revuelto. Es mi Dios y es paz.

Porque la lluvia aplastó mi silencio y perdonó
tu canto, yo mendigo instantes de lucidez para
recordarte como eras. Y es que la tierra de los hombres
es fría o caliente, pero no es cielo ni es infierno.

Mi pequeña muerte

Abres la boca.
El canto de las cuerdas
en los violines de tu voz
ilumina los rincones
perdidos de mis días oscuros.

Respiras.
La ilusión de tu aliento
se anida en el alma de mi
vientre, donde remueve temores
añejos y rencores de cartón.

Miras.
Penetras en mis laberintos
con gesto inocente
y dejas al descubierto
las razones que siempre supe
no eran mías
y destruyes las mentiras ajenas
que entendí por tanto tiempo,
sin sospecharte de mis adentros.

Llega mi pequeña muerte.
El desliz en que me dejas robarte
al mundo y a los hipócritas
y hacerte de mí como nadie antes.

No sé

No sé qué sentiste cuando
te toqué con mi silencio
ni qué pensaste cuando
te escribí en el alma.

No sé quién eras cuando nos conocimos
ni quién soñabas ser cuando fuéramos
ancianos, algún día.

No sé a quién recitabas tus verdades
al oído y en las tardes
ni cuáles despedidas lloraste más.

Sólo sé que nos vimos
y el instante fue perfecto y
el recuerdo de ti, eterno.

Nostalgia y noches

Oculté la perpetuidad de nuestras noches
bajo mis párpados
y el resplandor de sus luceros
en el origen de tus pupilas.

Quisiera sujetarte,
entre las manos viejas y olvidadizas,
el rostro tierno y sentirte de mí.

El viento habla en contra nuestra.
Trae por los descuidos del último
sueño tu perfume y tus gestos eternos.
Y mientras pasa uno y otro segundo,
me exorcizo el alma de tu ausencia
y tu adiós inacabable.
Ya no te reconozco en las palabras,
ni en los versos, ni en los lechos.

Has dejado paredes huecas que te acechan
y me lloran
en el reflejo fugaz de tu ombligo
y mis historias.

Olvidar en un sueño

Hay lágrimas de plata
en los mechones de tu pelo oscuro.
Las ondas me embriagan
cual vino dulce y
maldito de tus adentros.
Olor de noches de verano e
invierno cantar de lluvias de otoño
espinas rotas de primaveras miles.
Rodar y rodar sin fin
entre la tierra húmeda
de nuestros dioses.
Perdernos y encontrarnos
en el mismo instante
siempre en el mismo sueño
decirnos las mismas palabras y
acariciarnos con el mismo gesto.

Es mi alma que aprietas sutil con los puños.
Tus carcajadas
son más reales que mi verdad y mis logros.
Tiempo de despertar del mismo sueño
alejarme del mismo instante
callar las mismas palabras y
ahogar el mismo gesto.
Tiempo de olvidar, como siempre.

Poco importa

Poco importa que cuando el
reloj marque las seis en la ciudad,
te esfumarás sin regreso
y yo quedaré pensándote en las tardes.

Poco importa que cuando las
alondras se vuelvan mudas y torpes,
no compartirás la complicidad en
las miradas ni en los silencios.

Poco importa que cuando seas de
otros versos y de otro cuerpo,
yo intentaré escribirte y querré
recordarte como te veo hoy.

Poco importa que cuando el
sol duerma, el sueño no será
nuestro ni del mar,
sino del viento que nos engañe.

Poco importa, lo sabes bien,
que el maldito reloj marque las seis
y no sepamos qué depara el destino
o las noches venideras.

Tiempo de partir

La última noche llegará a nuestros campos
cuando los silencios del alma
entiendan las verdades de la carne.

El último segundo nos
arropará cuando tu pelo sea mortal
y no eterno, como a esta hora
que envuelve en el todo y la nada
las luces, los árboles y las palabras.

En tu piel guardo el espejo de los
días negros y puros, como la sangre
y las miradas que son de ayer y de hoy.

La última salvación rebosará de angustia
y llorarán las raíces tu despedida.
Con el tiempo, tu recuerdo alguna
esquina enterrará y no serás más que un
nombre en el viento que desaparece
lentamente, frente al abismo de la vejez y
la muerte.

III

Recuerdos

"He aquí, hermano mío, almas tontas que saqué del camino."

Asha y Nerko

Los ojos de Asha son el ámbar del ocaso.
La raíz de una llama nace en su mano
desnuda. Esconde el puñal entre los dedos.
Las flamas inocentes acarician el rostro atemporal.
Los labios desiertos sudan.
El fuego arde cerca.
La seda del vestido es vieja:
estrenó su piel cuando era una
princesa y Nerko un plebeyo.

¿Nerko?

Las pupilas son el fondo del mar.
El nuevo vientre borró
el recuerdo de amores trágicos.
Rosas de piedra atraviesan
la carne desgastada.

La fotografía de un enemigo
quedó impresa en un cofre
de diamantes y rubíes.
La sonrisa melancólica
alimentó el cordón umbilical
de la concepción de hierro.

¿Asha?
¿El nombre impronunciable?

Asha eligió esperar.
Nerko abandonó la dimensión de la pérdida.
Las venas de Asha nutren la flama como antes.
El abismo es la memoria en la espalda de Nerko.

Edades distintas, viajes únicos, pasiones fingidas.
Las estrellas coincidieron.
Asha atravesó el puñal.
Nerko cobró la deuda del enemigo
y se abandonó con las pupilas
al hogar avasallante.

Aquí les observo
desde el lugar donde
las almas son una,
inquebrantable y perfecta.

Asha y Nerko
completan el ciclo de
hastío y
gotas de brisas y nácar.

Las partes son un todo.
Asha y Nerko se aman.

Conversación con Dios

Me ausenté de la tierra de los hombres una noche.
Noche quieta en la que ascendí al universo
y conversé con una estrella huérfana,
sola y única en el vasto cielo negro.

Pedí a la luz de Dios riqueza terrenal,
gloria a mi nombre, inmortalidad y amores humanos.
Pedí tantas cosas importantes para mi cuerpo
y mi ego.

Desamparada en la grandeza del silencio,
espantada por aleteos extraños,
estornudos de libélulas espías,
comprendí mi pequeñez.
Entendí en ese instante que soy minúscula.
El camino del cielo se extiende ante mí.
Sólo debo abrir los ojos,
aceptar que soy como Dios
y engrandecer mi existencia pequeña.

Hubo momentos en que la estrella
se partía en dos.
Tal vez mis ojos,
cansados de la vida,
preferían ver dos hermanas.
...pero la verdad,
lo que creo sucedió en verdad,
la pura y honesta verdad,
es que hablé con el Dios de todos.
La fuerza habló conmigo
y yo la escuché.

Escuché sus sabios consejos
cuando dijo que somos uno que ahora son dos.
Dijo "Sueña en grande, hija mía,
pide alabanzas y rubíes,
es tu mundo y sólo tuyo.
Derecho tienes de reinar con los otros
hijos míos,
de mis adentros,
que viven contigo en
esa lágrima de mi universo."
Dios me habló como una estrella solitaria.
...¿pero escuché sus verdaderas palabras
o sólo lo que pensaba mi alma?

He ido y he regresado

He ido y he regresado.

El ángel es piel de ébano que reluce.
El cuerpo es la escultura
infinita de trazos de obsidiana.

He ido y he regresado.

Vi el día funesto
y cómo el firmamento era confuso.
Las aguas reposaban en silencio.
Los dragones y las almas viejas caían de pie en mi tierra.

He ido y he regresado.

El ángel con ojos de fuego
vestía la piel del que surca los cielos.
El ángel semidesnudo habló en mi mente y lo escuché
desde otros mundos.

He ido y he regresado.

El ángel de luz quemada
me visitó cuando mis
ojos estaban cerrados.
La voz de diablo vibró
en frecuencias elevadas
que ahora no comprendo.

He ido y he regresado.

El ángel desprendía
olor a azufre y cenizas.
El ángel era hermoso
y nefasto a la vez.
Me preguntó si veía
lo que sucedería.
Yo opté por desviar
la vista torpe e ignorarlo.

... mas la Verdad
llegó a mí.
El ángel controlaba
mi existencia desde
el primer instante,
desde el primer respiro.
Me obligó a ver lo que
había a sus espaldas.
Me obligó a ver el
castillo de cristal níveo,
pero ni los míos ni
yo entraríamos.

He ido y he regresado.

La peste

La peste los engañó.
Cubrió con un manto
su pelo de serpientes rotas.
Escondió las espinas
y cruzó las manos al frente.

Les prometió
tierra nueva y pura
que desvirgarían
los hijos de sus hijos
y los hijos de ellos.

Trajo el carruaje de seda
con bordes de oro,
arrastrado por el corcel
rojizo de crin blanca.

Abrió la puerta.

La reverencia gentil
los sedujo.

Ancianos, borrachos,
madres, niños.
Entraron gustosos
y contentos.
El súcubo gozaba
en sus adentros.

Ellos hablaban,
cantaban y reían.

La luna llena
iba cayendo.
El corcel no
fue sutil.
Por las rendijas
lo vieron:
un esqueleto de
gusanos y pelos.
Volvióse una
melcocha
la seda
sobre el camino accidentado
de ellos,
los que esperan.

Los niños durmieron primero.
Los borrachos siguieron después.
Las madres cerraban los ojos.
La peste deshizo
el disfraz.
Las garras podridas
tomaron el primer corazón.

Gritos y confusión.

El alimento
tibio llamó al destino:
"He aquí, hermano
mío, almas tontas que
saqué del camino".

9 789945 920932